NORTHLAKE PUBLIC LIBRARY DISTRICT
W9-CFV-087

Luz y sonido

Dr. Mike Goldsmith

NORTHLAKE PUBLIC LIBRARY DIST
231 N. WOLF ROAD
NORTHLAKE, IL 60164

Contenido

El mundo de la luz 6

Los ojos viendo 8

Color 10

Creando luz 12

La luz del Sol 14

Luz y oscuridad 16

Sombras 18

Luz deslumbrante 20

Luz reflejada 22

Luz eléctrica 24

El mundo del sonido 26

28 ¿Qué es el sonido?

30 ¿Cómo oímos?

32 Creando sonido

34 ¿Cómo viaja el sonido?

36 ¿Silencioso o ruidoso?

38 ¿Alto o bajo?

40 Sonidos eléctricos

42 Marioneta de sombras

44 Reloj de sombras

46 Teléfono de plástico

48 Índice

6 El mundo de la luz

La luz nos da el día, la noche, los colores, las fotografías, las estrellas y el arco iris. También la usamos para tocar CD´s y hacer electricidad. En suma, necesitamos luz para vivir.

El Sol resplandeciente

El Sol es una estrella, una gran bola de gas ardiendo que nos da luz y calor. Sin él, no habría ningún tipo de vida

gas *– es una sustancia sin forma, como el aire, que no es sólida ni líquida.*

Mirando las estrellas

Al usar telescopios, los científicos pueden ver mejor la luz de las estrellas. Pueden saber qué tan lejos de la Tierra están, qué tan calientes son y de qué están hechas.

telescopio *– es un invento que hace ver las cosas más grandes*

8 Los ojos viendo

Las personas necesitan luz para poder ver. En cambio, los animales nocturnos pueden hacerlo con poca luz. Tienen enormes ojos que toman la mayor cantidad de luz

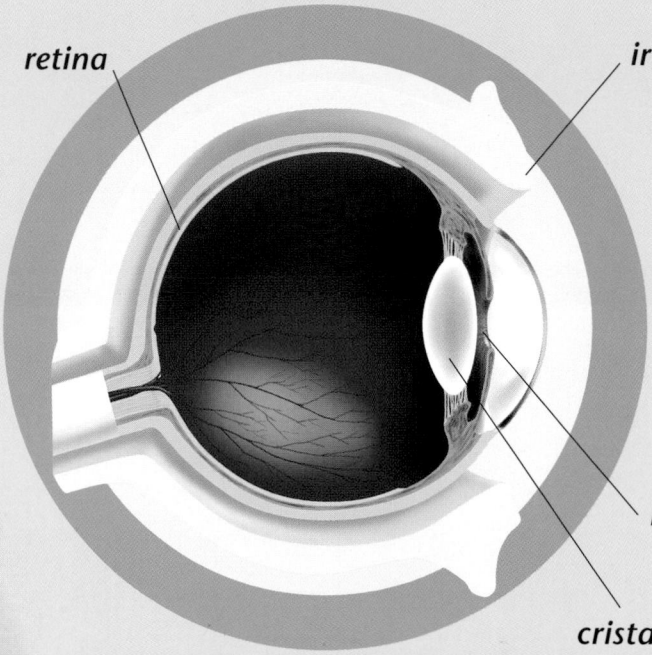

¿Cómo ve la gente?
La luz rebota en los objetos y entra en los ojos por la pupila. El cristalino enfoca la luz en la retina y el cerebro procesa lo que vemos.

iris *– es la parte de color del ojo*

Los ojos de los animales

Los animales, como este búho, tienen enormes ojos. Pueden ver bien en la oscuridad y cazar en la noche.

Ojos de araña

Las arañas son cazadoras, necesitan atrapar insectos para comer. Muchas arañas tienen ocho ojos y pueden ver en todas las direcciones a la vez.

retina *– es una capa especial en la parte trasera del ojo que recoge la luz*

10 Color

La gente puede ver millones de colores diferentes mezclados de diferentes maneras, todos los pigmentos mezclados hacen el negro, y todos los colores de la luz mezclados hacen el blanco.

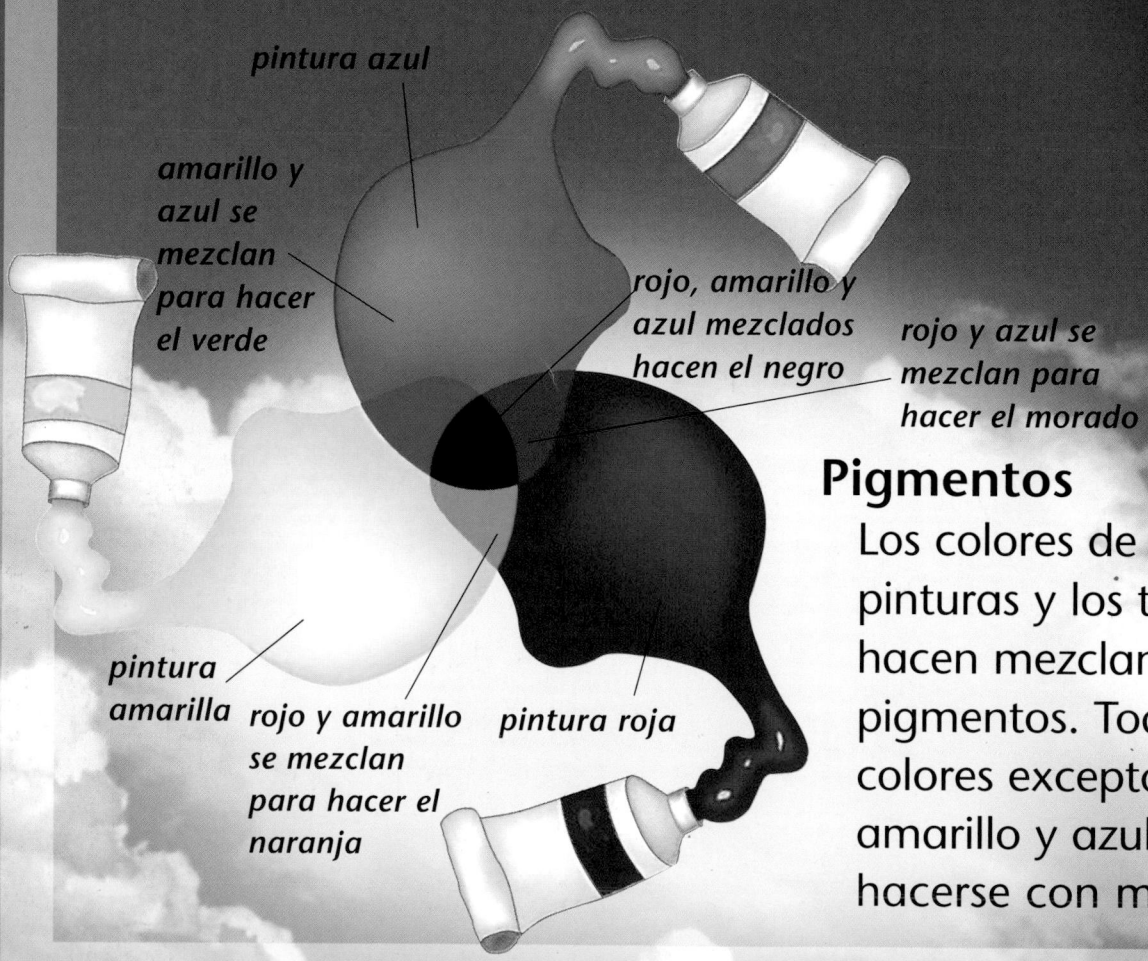

Pigmentos

Los colores de las pinturas y los tintes se hacen mezclando pigmentos. Todos los colores excepto rojo, amarillo y azul, pueden hacerse con mezclas.

pigmentos *– es lo que le da a algo su color*

Mezclando luces

Las luces se mezclan de manera diferente que los pigmentos. Todos los colores están hechos al mezclar diferentes cantidades de rojo, azul y verde.

Separando la luz

La luz del Sol (luz blanca) es una mezcla de colores. Las gotas de lluvia separan estos colores para hacer un arco iris rojo, naranja, amarillo, verde, azul, índigo y violeta.

índigo *– color azul oscuro*

12 Creando luz

Cualquier cosa brilla si se calienta mucho. La mayoría de la luz que vemos proviene de objetos calientes, como el Sol, las bombillas y las estrellas.

Luz eléctrica

Algunas sustancias brillan cuando la electricidad pasa a través de ellas. Cuando la electricidad atraviesa el gas de neón, la luz que se produce puede ser usada en anuncios de advertencia o espectaculares.

neón *– gas invisible que brilla cuando la electricidad pasa a través de él*

Luz viva

Algunos peces del mar profundo hacen luz con químicos que producen sus cuerpos. Usan su luz para atrapar comida.

Velas de cumpleaños

Las flamas dan luz. Las velas de este pastel de cumpleaños brillan al mismo tiempo que se calientan.

químicos *– son sustancias que se combinan y reaccionan entre ellas*

14 La luz del Sol

Por miles de millones de años, la luz del Sol ha brillado en nuestro Sistema Solar. El Sol se encuentra a millones de kilómetros de nuestro planeta y aun así es peligroso verlo directamente.

La vida de la luz

Cada ser viviente en la Tierra necesita la luz del Sol. Las hojas de las plantas atrapan su luz para crecer.

Atardeceres resplandecientes

Mientras la Tierra gira, el Sol se mueve alrededor del cielo. Cuando el Sol está cerca del horizonte, se ve rojo por que su luz pasa a través del viento y el aire polvoso cercano al suelo.

Manteniendo el calor

El calor del Sol mantiene líquidos a los océanos de la tierra. Sin él, toda el agua y el aire del planeta estarían congelados.

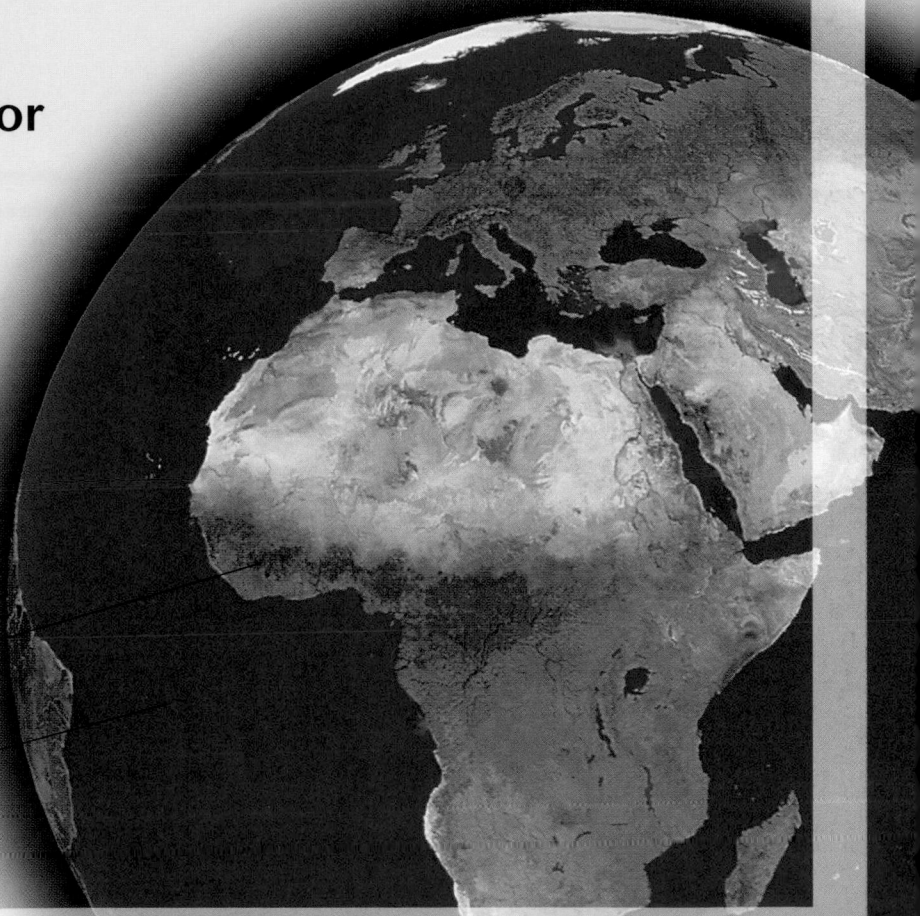

horizonte *– a la distancia, donde parecen juntarse el cielo y la tierra*

16 Luz y oscuridad

Cuando no hay luz, vemos oscuridad. La Tierra gira en el espacio y la parte que queda de espaldas al Sol se oscurece. Por eso necesitamos otras fuentes de luz para ver en la noche.

Luz de luna

La luna no genera luz propia. La luz del Sol rebota en ella y la hace brillar.

fuente *– de donde proviene algo. Por ejemplo, el Sol es una fuente de luz*

Estrellas

Las estrellas generan su propia luz. Muchas son más brillantes que nuestra estrella, el Sol. Se ven más débiles porque están muy lejos.

El espectáculo de la luz natural

El Sol suelta partículas cargadas de electricidad. Éstas pueden rebotar en el aire, haciendo que el cielo brille con diferentes colores.

partículas *– piezas muy pequeñas*

Sombras

Cuando algo bloquea la luz, proyecta sombras. Hay más frío y oscuridad en las sombras porque están aisladas del calor y la luz del Sol.

Sombras

Todos los objetos sólidos proyectan sombras. Pueden ser largas o cortas, dependiendo de cómo se bloquee la luz del Sol.

proyectar *– hacer visible*

Oscuridad en el día

A veces, la Luna pasa entre la Tierra y el Sol, y bloquea la luz, produciendo oscuridad en pleno día. A esto se le llama "eclipse de Sol".

20 Luz deslumbrante

La luz rebota en la mayoría de los objetos. Mucha luz rebota en la nieve, por eso resplandece y brilla. El carbón difícilmente deja que la luz rebote, ya que es oscuro.

Viendo doble

La superficie de un espejo es tan lisa que rebota la luz con exactamente el mismo patrón como la recibió. A esto se le llama "reflexión".

reflexión *– la imagen de lo que está frente a un espejo*

Noches brillantes

En esta fotografía, la luz del Sol ha rebotado de la Luna al mar, haciendo que el agua brille.

Hablando con luz

La luz puede viajar a través de hilos de cristal llamados fibras ópticas. Estas fibras pueden llevar llamadas telefónicas y señales de computo.

fibras ópticas *– hilos delgados de cristal que permiten el paso de la luz*

22 Luz reflejada

Los objetos a través de los cuales la luz puede viajar son llamados transparentes. Cuando la luz entra en una sustancia transparente, como el cristal o el agua, se refleja.

Formas divertidas

La luz se refleja cuando viaja en el agua o aire, y lo que vemos parece deforme. La luz reflejada ha hecho que el cuerpo del niño parezca más grande.

transparente *– algo a través del cual se puede ver*

Vida transparente

Algunas criaturas del mar, como las medusas, son transparentes. Esto hace muy difícil verlas en la profundidad del mar.

Más grande y más brilloso

Las lupas son gruesas en el centro. Curvan la luz y hacen parecer las cosas más grandes de lo que son.

curvar *– doblar en forma de curva*

24 Luz eléctrica

La luz puede hacer electricidad y la electricidad puede hacer luz. En una bombilla, la electricidad calienta un alambre fino y lo hace brillar.

Luz eléctrica

Al colorear los cristales de estas bombillas, se producen colores diferentes. Las bombillas se ponen calientes cuando se encienden, por eso no las toques.

Poder solar

Los paneles solares de esta estación espacial colectan luz y la convierten en electricidad.
La electricidad es usada como fuente de poder.

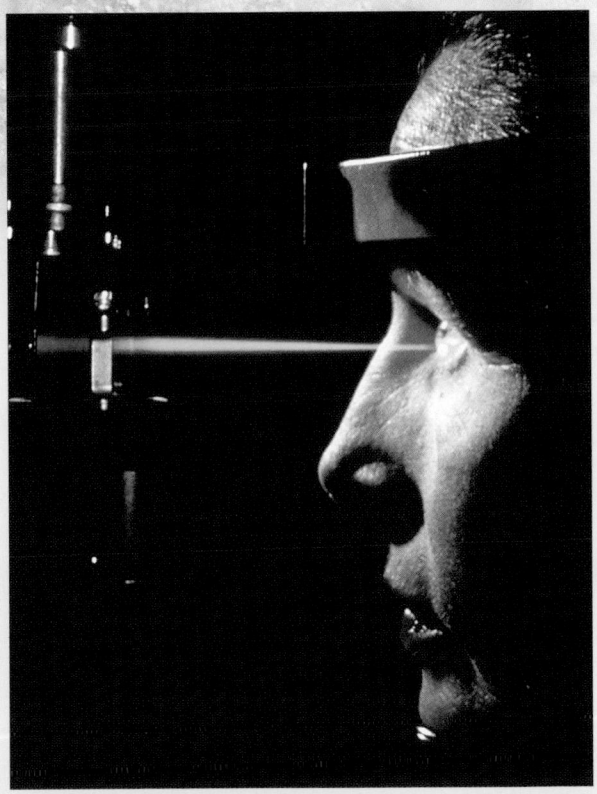

Cirugía láser

Rayos muy delgados de luz, llamados láser, pueden usarse para muchas cosas.
Por ejemplo, para operaciones delicadas como cirugías de ojo.

cirugía *– operación del cuerpo para curar una enfermedad*

Mundo de sonido

Hay sonido en todo nuestro alrededor. Oímos música y oímos voces, pero el sonido tiene muchos otros usos. Puede "dibujar" imágenes y ayudar a los animales a encontrar a su presa.

Sonidos molestos

Los sonidos que son desagradables al oírlos, como el de taladros pesados, son llamados ruido.

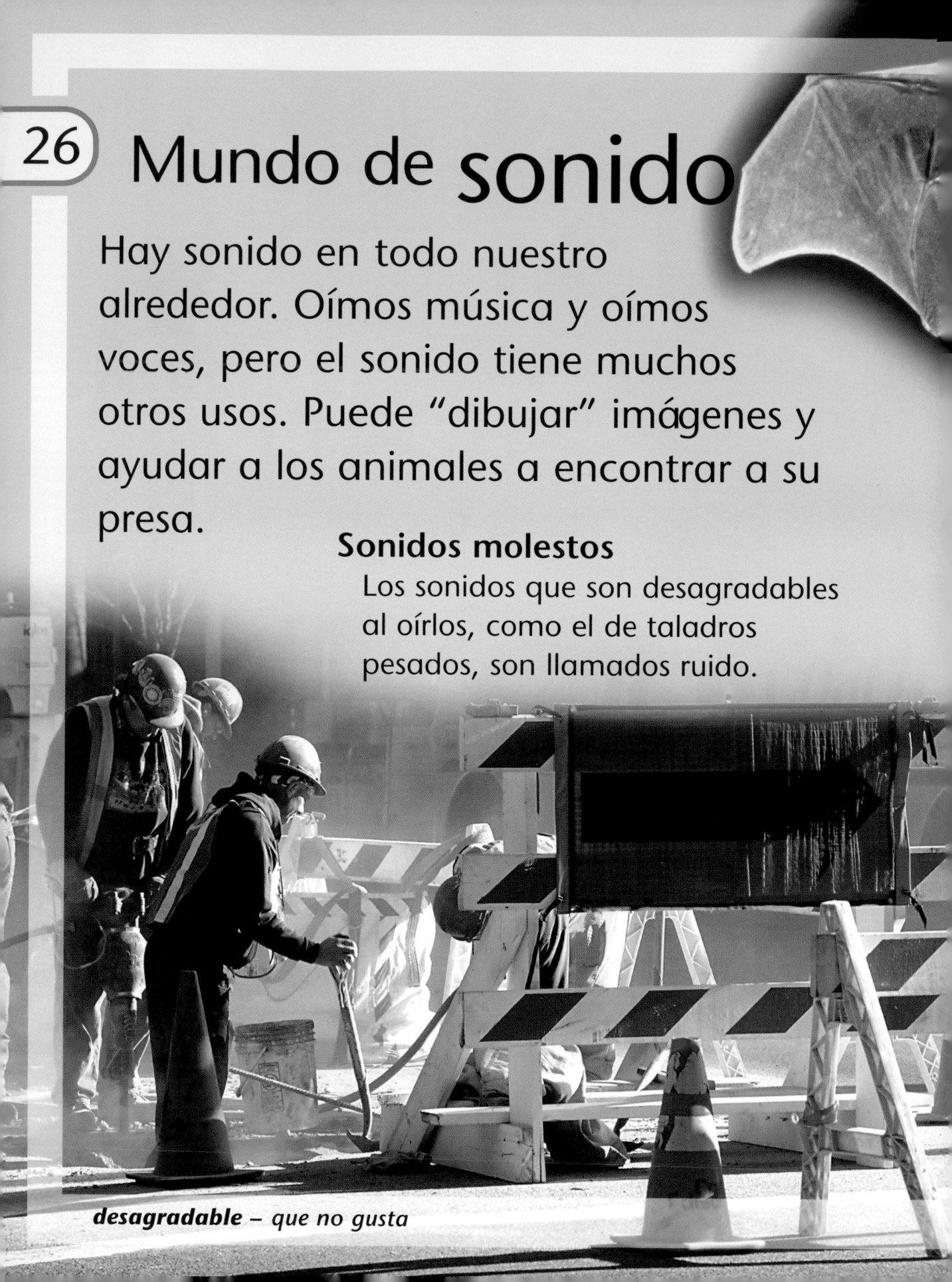

desagradable *– que no gusta*

Sonidos en la oscuridad

Los murciélagos usan el sonido para cazar. Sus chillidos rebotan en cualquier objeto sólido. Escuchan el eco e investigan dónde se encuentra la comida.

Sonidos sanos

Los médicos usan el sonido para crear imágenes de bebés que aún no han nacido. Ondas de sonido salen fuera del bebé, y las computadoras pueden "dibujar" la imagen.

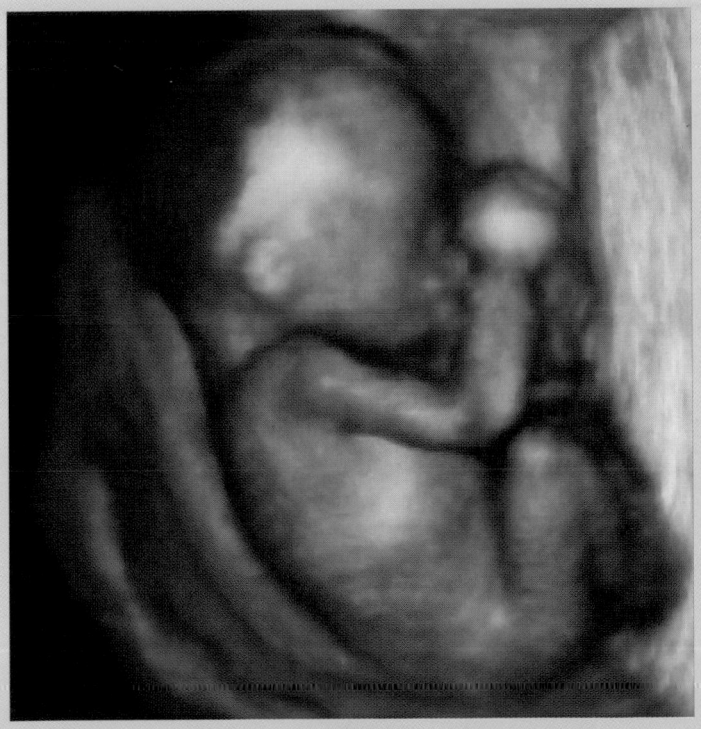

eco *– un sonido que rebota en un objeto*

¿Qué es el sonido?

El sonido viaja en forma de ola u onda. Como las olas de un estanque, el sonido viaja en todas direcciones. El sonido baja mientras más lejos estés de la fuente que lo produce.

¡Boom!

Algunos aviones viajan más rápido que el sonido. Hacen una ola de choque en el aire. Ésta puede ser oída como un ruidoso disparo llamado *boom* sónico.

***boom* sónico** – *es el ruido de algo que viaja más rápido que el sonido*

Espacio silencioso

El sonido puede viajar a través del aire o el agua. En el espacio no hay agua ni aire y por eso tampoco hay sonido.

Sonido veloz

El sonido viaja más rápido a través del agua que a través del aire. Esta orca utiliza chasquidos y silbidos para comunicarse.

comunicar *– enviar un mensaje a otra criatura*

¿Cómo oímos?

Cuando el sonido entra en el oído, viaja por un tubo. El final del tubo está cubierto por una delgadísima pared de piel, llamada tímpano.

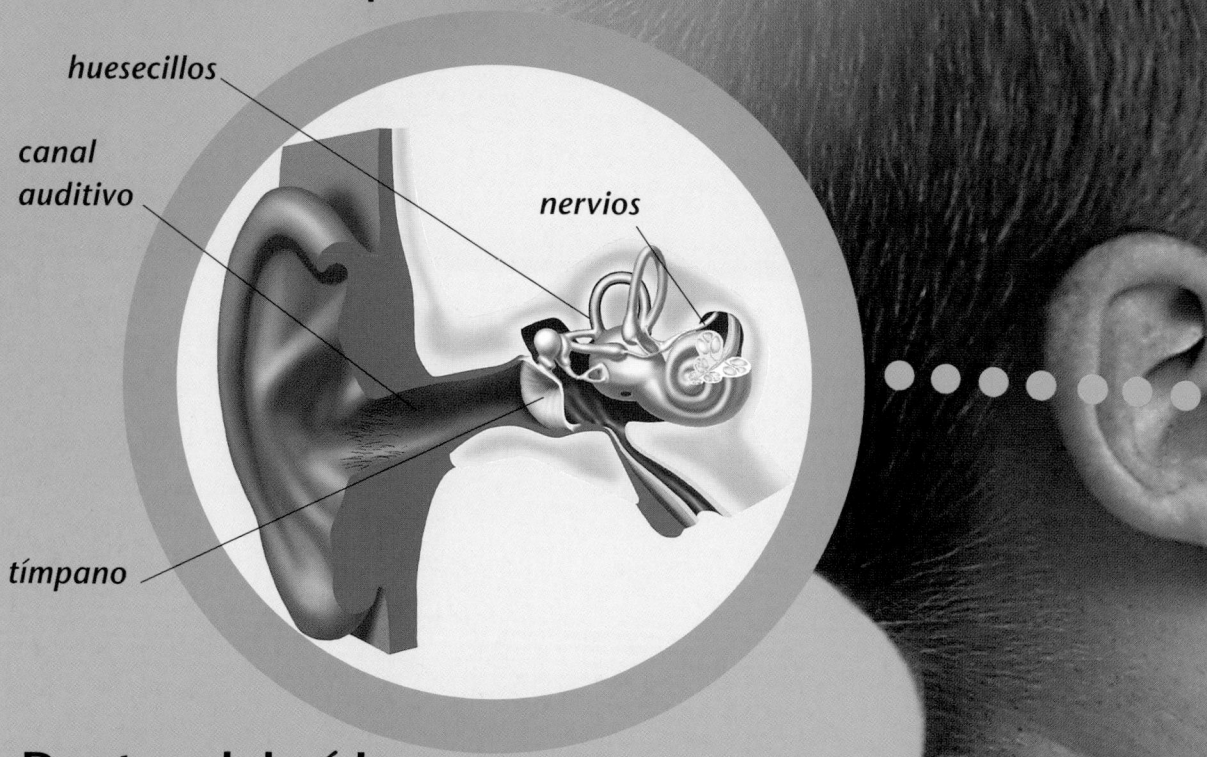

Dentro del oído

Cuando un sonido golpea el tímpano, vacila y hace que los huesecillos dentro del oído vibren.

vibrar *– moverse rápido y de un lado para otro*

Oyendo

Los nervios en el oído envían mensajes al cerebro. El cerebro investiga qué sonido ha sido escuchado.

Los oídos de los animales

La mayoría de los animales pueden oír, pero pocos tienen oídos como los nuestros. La zorra del desierto tiene enormes orejas. Pueden girar para escuchar el sonido más leve.

nervios *– fibras que conectan al cerebro con el resto del cuerpo*

Produciendo sonido

El sonido generalmente se produce cuando algo se mueve hacia atrás y hacia delante muy rápido. El objeto que se mueve puede ser una hoja en la brisa, el metal de una campana o la cuerda una guitarra.

Sonidos musicales

Al soplar una trompeta se produce un zumbido en la boquilla. Este sonido viaja a través de la trompeta.

boquilla *– parte de un instrumento musical en la que se sopla*

Voces

Cuando hablas o cantas, dos cuerdas de piel en tu garganta vacilan. Éstas son conocidas como "cuerdas vocales".

Chasquidos y crujidos

El sonido puede ser brusco, como un globo ponchado o la explosión de fuegos artificiales.
Mientras vemos los fuegos oímos los silbidos que producen.

vacilar – *moverse*

NORTHLAKE PUBLIC LIBRARY DIST.
231 N. WOLF ROAD
NORTHLAKE, IL 60164

34 ¿Cómo viaja el sonido?

El sonido viaja como ondas a través del aire, agua u objetos sólidos. Las ondas ocasionalmente mueren pero pueden abarcar grandes distancias.

Largas jornadas

Una calle concurrida es un lugar ruidoso. Los sonidos de la gente hablando, de coches y otros vehículos pueden viajar largas distancias.

ocasionalmente *– en algún momento*

Eco

El sonido rebota en los objetos duros, como las paredes. A este rebote lo llamamos "eco".

¿Silencioso o ruidoso?

Mientras más vacila un sonido, más fuerte suena. Uno de los sonidos más ruidosos es un volcán en erupción. Los sonidos más fuertes provocados por los hombres son los de las canteras y las bombas.

Shhh...

Algunos animales pueden oír sonidos que son muy tenues para la gente. Un oso hormiguero puede oír a las hormigas rascando bajo la tierra.

cantera *– sitio donde se sacan piedras*

¡Ouch!

Sonidos muy fuertes pueden dañar tus oídos. Nuestros oídos se tensan cuando oyen sonidos fuertes, lo cual amortigua los sonidos.

amortiguar – *suavizar*

¿Fuerte o bajo?

Las ondas de sonido se mueven a diferentes velocidades. Mientras más rápido lo hacen, más alto suenan. Los sonidos que vacilan más despacio son más bajos.

Haciendo música

Las cuerdas del violín se mueven rápidamente y producen un sonido fuerte. Las cuerdas de la guitarra se mueven más lento y su sonido es más bajo.

producir *– hacer, crear*

Maullidos y rugidos

Los gatos tienen cuerdas vocales chicas y pulmones débiles, por eso sus maullidos no son ruidosos. Los leones tienen poderosos pulmones y rugen con fuerza.

pulmones *– los órganos del cuerpo utilizados para respirar*

40 Sonidos eléctricos

El sonido puede transformarse en electricidad y la electricidad puede volverse sonido. Esto sucede cuando hablas por teléfono.

Micrófonos

Un micrófono cambia el sonido de tu voz en un patrón vacilante de electricidad. Un altavoz transforma estos patrones en sonidos.

altavoces *– es un dispositivo que transforma la electricidad en sonido*

Transformando el sonido

Al transformar los sonidos en imágenes, los científicos pueden ver lo que oímos. Estas imágenes son conocidas como sonogramas.

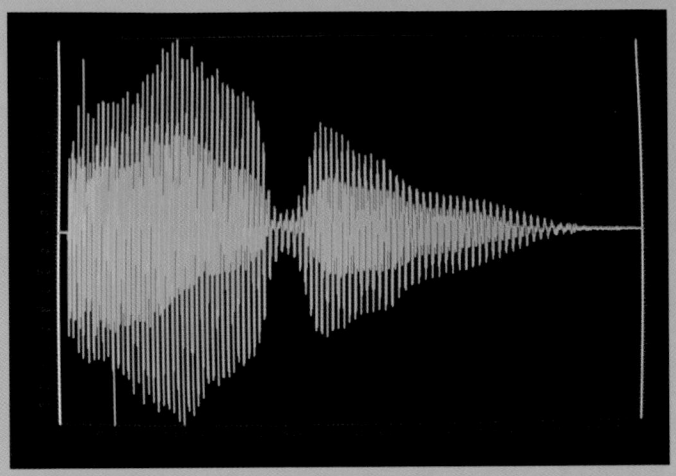

Voces del espacio

Cuando los astronautas están fuera de la nave espacial, se comunican utilizando micrófonos y altavoces.

sonograma *– es la imagen de un sonido generada por una computadora*

42 Marioneta de sombras

Haz marionetas de animales

Figuras sólidas bloquean la luz y forman sombras. Puedes hacer diferentes sombras, como este dragón, y poner encima un espectáculo de marionetas de sombras.

Necesitarás:

- Lápiz
- Papel de color
- Tijeras
- Papeles de dulces
- Cinta adhesiva
- Popotes o palos
- Lámpara

En un papel de color dibuja un dragón con la cola larga y puntiaguda, y la boca abierta.

Recorta con cuidado el dragón con las tijeras. Pídele a un adulto que te ayude con los bordes difíciles.

En un lado, pega papeles de dulces para hacer que las flamas salgan de la boca del dragón.

Puedes hacer otras marionetas de sombras, como un gato o un pájaro.

Pega un popote o un palo atrás. Voltea el dragón y dibuja un ojo, nariz y alas.

En un cuarto oscuro, pide a un amigo que encienda una lámpara en una pared lisa. Ahora mira las sombras.

Coloca tu marioneta frente a la lámpara y muévela alrededor de la luz.

44 Reloj de sombras

Mira la hora con sombras

Los relojes de sombra miden el tiempo, usando la sombra del Sol. Diviértete al hacer tu propio reloj.

Necesitarás:

- Un plato de papel
- Un popote
- Plumones

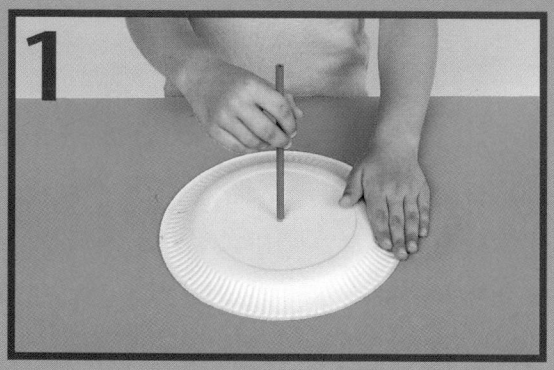

Haz un pequeño hoyo en el centro del plato de papel y mete un popote en el hoyo.

Pon el plato en un lugar luminoso. Cada hora dibuja una línea a lo largo de la sombra que hace el popote y anota el tiempo.

Mantén tu reloj en el mismo lugar, y cuando las sombras caigan, serás capaz de decir la hora.

Xilófono

Haz música

Puedes hacer un simple xilófono con vasos de agua y una cuchara de madera.

Necesitarás:

- 5 vasos de agua, todos iguales
- Una jarra de agua
- Colorante vegetal
- Una cuchara de madera

Alinea los vasos y vierte agua en ellos. Llena el primero hasta el borde, luego el siguiente con un poco menos que el anterior.

Puedes añadir algunas gotas de diferentes colorantes a los vasos para darle color al agua.

Suavemente golpea a cada vaso con la cuchara y oirás que cada vaso hace un sonido diferente.

46 Teléfono de plástico

Haz un teléfono trabajador

Puedes hacer que el sonido viaje a través de un pedazo de cuerda muy delgada. Los vasos de plástico harán las veces de micrófono y altavoz para que puedas oír lo que tu amigo dice.

Necesitarás:

- Vasos de plástico
- Estampas y papel de colores
- Tijeras
- Plastilina
- Un lápiz muy afilado
- Un pedazo de cuerda de 4 a 6 metros de largo.

Decora dos vasos limpios con estampas y papeles de colores.

El sonido de tu voz viaja a lo largo de la cuerda.

Pon una bola de plastilina bajo cada vaso y haz un hoyo en el centro con un lápiz afilado.

Ensarta una punta de la cuerda a través del hoyo, luego haz un nudo al final.

Haz lo mismo con el otro vaso. Dale a un amigo un vaso y estiren la cuerda. Habla en el vaso.

Si tu amigo sostiene el otro vaso en su oído, oirá lo que tú estás diciendo.

Índice

agua 22-23, 29, 45
altavoces 40, 41
animales 9,27,31, 36, 39
arco iris 11
boom sónico 28
cerebro 8, 31
colores 10-11
ecos 35
electricidad 12, 24-25, 40-41
espejos 20
estrellas 6, 7,12, 17
fibras ópticas 21
láser 25
luna 16, 19, 21
lupas 23
luz resplandeciente 22-23
marionetas 42-43
micrófonos 40, 41
música 26, 32, 38, 45
noche 16
objetos transparentes 22-23
oídos 30-31
ondas de sonido 27, 28, 34-35
36,38
ojos 8-9
oscuridad 16-17
panel solar 25
pescado 13
reflexión 20
ruido 26
Sol 6, 11, 12, 14-15, 18-19, 21, 44
sombras 18-19, 42-43, 44
sonograma 41
teléfonos 40, 46-47
telescopios 7
velas 13
voces 26, 33
xilófonos 45